Christian Sighişorean

Rose
&
Gebrochen Deutsch

Wörter, Sätze, Gedichte

Mauer Verlag
Wilfried Kriese
72108 Rottenburg a/N
Buchgestaltung: Wilfried Kriese
Titelbild: Privat
2009
ISBN 978-3-86812-159-9

www.mauerverlag.de

Für Usch, Eva und Julia,
deren Liebe ich ewig
in mir tragen werde

Inhalt

Rose

Der Name der Rose

das Schönste
an der Diagnose
Amyotrophe Lateralsklerose
kommt zum Schluss:
die Rose

Tropfen um Tropfen

Anfangs schlich bloß ein Tropfen heran,
unbemerkt, still und leise,
bat mich nicht um Einlass, Gewähr,
machte sich dann auf die Reise.

Reiste wohl hin, reiste wohl her,
suchte sich ein ruhiges Plätzchen,
fand es in meiner linken Hand
und rief herbei die Gefährten.

Die folgten gar leicht dem lockenden Ruf,
fielen auf mich als Fäden herein,
sponnen und woben um meine Glieder herum
ein Tuch, das schwer ward wie Blei.

Sie kommen stets näher und werden mehr
und weben, weben, weben,
sie fallen selbst über meine Zunge her,
ich kann bald nicht mehr reden.

Es treibt sie der Teufel mit seinem Geheiß,
„knüpft behend Masche um Masche,
bleibt artig dran und mit Fleiß,
so seh´ ich recht bald seine Asche."

Die Ärzte sind ratlos, die Freunde wohl auch,
dies Übel scheidet die Geister,
manch Freund fiel seiner Schwäche anheim,
die Besseren werden zu Meistern.

Den ersten Tag

Den ersten Tag mit dem Rollator
habe ich überlebt
Den ersten Tag mit dem Rollstuhl
habe ich überlebt
Den ersten Tag mit dem Pfleger
habe ich überlebt
Den ersten Tag mit dem Pflegebett
habe ich überlebt
Den ersten Tag mit dem Toilettenstuhl
habe ich überlebt
Den ersten Tag mit dem Stützstrumpf
habe ich überlebt
Den ersten Tag mit der Windel
habe ich überlebt
Den ersten Tag mit dem Füttern
habe ich überlebt
Den ersten Tag mit dem Sterben
werde ich auch

Dämmerung

Allmählich glaube ich
Gott existiere wirklich.
Wer sonst hätte die Kraft
und die Herrlichkeit
mir in aller Ewigkeit
meinen Wunsch
mit 40 in Rente zu gehen
so vehement zu erfüllen?

Gehen

Heute Nacht
im Traum
es war Tag
im Raum
von der Tür
bis zu dem Fenster
als ich ging

Halbe Freunde

Servus e,
was haben wir gelacht,
die Würzburger Nächte zum Tag gemacht,
die Hubland-Nachbarn um den Schlaf gebracht.

Die Weinhänge umsäumten die Stadt
in Gestalt einer Krone, deren Gold
im Herbst in die eichenen Fässer
unter der Residenz floss.

Silvaner, Bacchus, Müller-Thurgau
erquickten einstmals unsere Gaumen,
jedoch mit Verlaub und offenem Visier,
gar scheußlich schmeckte das Hofbräu-Bier.

Was uns einte und verband,
das gab´s nicht mehr,
stolz verließen wir die Heimat,
als es nichts mehr gab zu retten,
das Land der Fülle und der Kraft,
um Gold und Rebensaft
in Freiheit und Würde
zu schmieden und zu keltern.

Wir teilten die Vergangenheit,
wir besetzten die Welt
und verteilten die Zukunft
unter uns.

Sieben Bürgen wart ihr mir!

Miteinander erbauten wir uns an den schönen Künsten,
mit Büchern, Theater, Musik
wussten wir uns geistig zu rüsten,
Werkstattbühne, Casablanca und Omnibus,
euer war der Jazz, mein war der Blues.

Obgleich ihr spottetet über meine Langsamkeit
und ob meiner sprachwörtlichen Sparsamkeit,
dünkte mich, ich sei angenommen und in Sicherheit,
e,
was war das für eine gute, schöne Zeit!

Geschwätz

er sein nicht kommunikativ
er sein nichts reden
er sein nicht sprechen
er sein nichts sagen
er sein nicht parlieren
er sein nichts talken
er sein nicht antworten
er sein nichts grüßen
er sein nicht melden
er sein nichts höflich
er sein nicht anderen
er sein
er
sein Fehler

Opferstrauß

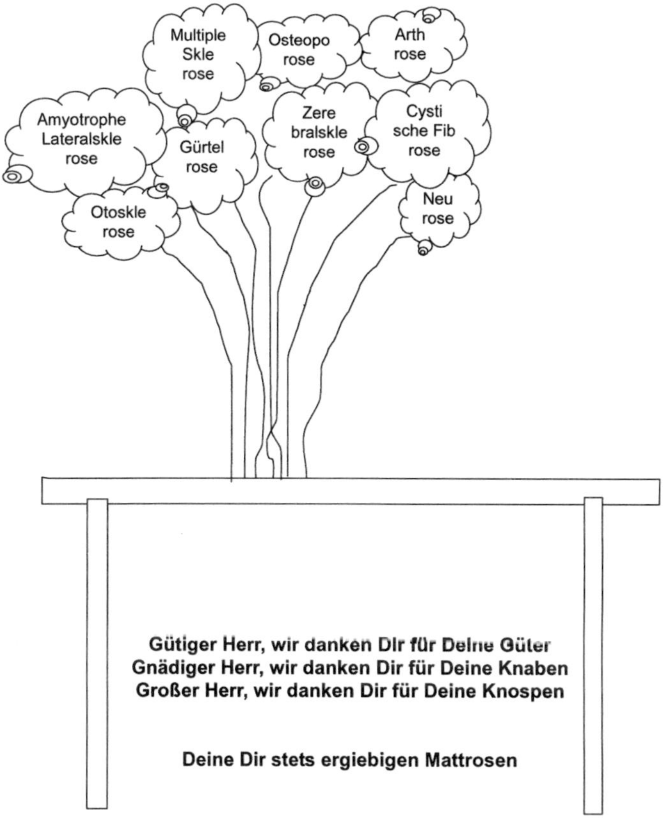

Trost

Es ist beruhigend
aus gesundem Munde zu erfahren
dass es anderen
noch viel schlechter gehe

Gesundheit

Nun bin ich 40
und damit an der Hälfte
meines Lebens angekommen.
Ich befinde mich auf gutem Wege,
denn ich strotze vor Gesundheit:
Seit 37 Jahren keine Windpocken.
Seit 36 Jahren keine Masern.
Seit 35 Jahren kein Mumps.
Seit 34 Jahren keine Polypen.
Seit 33 Jahren kein Asthma.
Seit 29 Jahren keine Läuse.
Seit 24 Jahren keinen Knochenbruch.
Seit 23 Jahren keine Bronchitis.
Seit 22 Jahren keine Sinusitis.
Seit 16 Jahren keine Urticaria.
Seit 14 Jahren keine Malaria.
Seit 11 Jahren keine Karies.
Seit 4 Jahren keine Grippe.
Seit 3 Jahren keine Pickel.
Seit 2 Jahren keine Motoneuronen.

Das Wort zum Sonntag

Atmen

Robert Gernhardt

Als ich in deinem Wörtersee versank,
schwappte dein Krebs über,
als ich aus deinem Wörtersee trank,
versiegte der Saft deiner Glieder.

Dein Urteil wurde gerade vollstreckt,
als ich auf meines wartete,
wir hatten unsere Ziele ganz anders gesteckt,
als es kam, das Unerwartete.

Wir wählten beide den kürzeren Lauf,
aber nicht das jähe Ende,
wir nahmen dafür manch Unbill in Kauf,
und wünschten des Schicksals Wende.

Großer Gernhardt, ich liebe dicht,
und bitte glaube mir,
ob du willst oder nicht,
ich bin ein Vetter von dir.

Vülle

Kann mir einer sagen,
warum
humorvoll
und
tumorvoll
sich
reimen?

Hoffnung

Anal
Pha
Beten
Beten
Beten

Gefallene Worte

Gefallene Worte
Vergebens der Versuch
sie aufzufangen
Vergebens der Versuch
sie aufzuheben
Am Boden liegen zerstoben
die Buchstabensplitter
Vergebens der Versuch
sie zu kitten

Allein die Zeit vermag
sie hinweg zu fegen

Ein Wort

ein Wort fällt
und mißfällt
e   in
ein Wort fällt
und verstellt
ei   n
ein Wort fällt
und zerschellt
e   i   n
ein Wort fällt
und entfällt
W   ort
ein Wort fällt
und zerstellt
W   or   t
ein Wort fällt
und befällt
Wo   rt
ein Wort fällt
und entstellt
Wor   t
ein Wort fällt
und zerfällt
W   o   r   t
ein Wort fällt
und fällt

Brüller

Ist es nicht komisch, wahrhaftig komisch,
dass ausgerechnet mir,
der als Kind befürchtete,
dass die Anzahl der gesprochenen Wörter
in einem Menschenleben begrenzt sei
und deshalb die Wörter
nur mit Bedacht verteilt werden dürfen,
ausgerechnet mir
das Schicksal widerfährt
sprachlos zu bleiben,
ist das nicht komisch,
ja, urkomisch sogar?

Bald

Es wird schon spät
Es wird schon dunkel
Es wird schon irgendwie
Es wird schon

Eis

Eis Wind Kalt
Tränen Frieren
Tränen Zittern
Tränen Eis
Brechen Ab
Fallen Durch Kehle
Kehle Zu Schnüren
Eis Zinken
Adern Auf Schlitzen
Blut Gerinnen
Glieder Eingeweide
Erstarren
Zusammen Brechen
Haufen Gebein

Entsorgung

Mensch, kaum bist du aufgebraucht,
schon wird deine Einweghülle
in einer Erddeponie verscharrt
oder in der Müllverbrennungsanlage
zu Asche verraucht.

gebet, frei nach jandl

und herr gott heute bitte keinen scheissentagen mehr
und her gott heute bitte keinen scheissentagen mehr
und her gott heute bitte keinen scheisentagen mehr
und her got heute bitte keinen scheisentagen mehr
und her got heute bite keinen scheisentagen mehr
und her got heute bite keinen scheisentagen mer
nd her got heute bite keinen scheisentagen mer
nd her got heut bite keinen scheisentagen mer
nd her got heut bite keinn scheisentagen mer
nd her got heut bite kein scheisentagen mer
nd her got heut bite kein scheisentagn mer
nd her got heut bite kein scheisentagn mr
nd her got heut bit kein scheisentagn mr
nd her got heut bit kein scheisntagn mr
nd her got heut bit ken scheisntagn mr
nd her got het bit ken scheisntagn mr
nd her got het bit ken schisntagn mr
nd hr got het bit ken schisntagn mr
nd hr got het bit ken schisntgn mr
nd hr got het bit kn schisntgn mr
nd hr gt het bit kn schisntgn mr
nd hr gt het bt kn schisntgn mr
nd hr gt het bt kn schsntgn mr
nd hr gt ht bt kn schsntgn mr

Gebrechen

Es gebricht mir nicht an Leiden,
es gebricht mir nicht an Schmerz,
es gebricht mir nicht an Heimat,
es gebricht mir nicht an Schutz.

Es gebricht mir nicht an Übel,
es gebricht mir nicht an Charme,
es gebricht mir nicht an Freunden,
es gebricht mir nicht an Harm.

Es gebricht mir nicht an Heuchlern,
es gebricht mir nicht an Lust,
es gebricht mir nicht an Sermon,
es gebricht mir nicht an Geld.

Es gebricht mir nicht an Phlegma,
es gebricht mir nicht an Gunst,
es gebricht mir nicht an Freuden,
es gebricht mir nicht an Reiz.

Es gebricht mir nicht an Gönnern,
es gebricht mir nicht an Pein,
es gebricht mir nicht an Liebe,
es gebricht mir nicht an Licht.

Es gebricht mir nur an Witz.

Halvabeet

Alpha
Beta
Gaga

Ausflug

Im Sauerland ist die Welt noch heile
und das insbesondere in dem Kloster Grafschaft,
dorthin zog es mich für eine Weile
nicht allein wegen der satten Landschaft.

Die Luft strömt frisch und balsamisch
angenehm tief in die Lunge hinein,
das Grün regt, würzig, aromatisch,
die Sinne zu neuen Wahrnehmungen an.

Ich bedurfte einer intensiven Beratung
durch kluge, erfahrene Ärzte,
hinsichtlich der invasiven Beatmung,
deren Alternativen und Grenze.

Angesichts des schleichenden Verlustes
meiner Kau- und Schluckfähigkeit,
sei, unter Einsatz eines geringen Tributes,
die Magensonde eine Selbstverständlichkeit.

Die Lungenwerte gewährten mir noch
eine freie Atemfrist von drei, vier Monden,
da entschied ich mich kurzfristig doch
für die Sonde am nächsten Morgen.

Eine Schwester schob mir den Beißring in´ Mund,
es bemächtigte sich meiner ein Würgen,
die Schwester staunte und tat mahnend kund,
es sei nicht schlimm, ich soll mich beruhigen.

Ich schlief bald darauf würgend ein
und würgend erwachte ich später,
unterdessen stießen die Ärzte fein
durch den Schlund einen Katheter.

Sie stachen dann wie abgemacht
eine Nadel in den Bauch,
da war ich auch schon aufgewacht,
statt Nabelschnur: ein Schlauch.

Das Würgen war noch nicht im Lot,
auch wimmerte ich vor Schmerzen,
Operation gelungen, Patient ist tot,
sagte der Arzt noch halb im Scherzen.

So, die Arbeit ist nun gründlich getan,
und ich fiebere dem Tag entgegen,
an dem ich nicht mehr essen kann,
der weisen Vorkehrungen wegen.

Ohne Worte

Papa, warum

Mama, Mama, Papa ist gestürzt!!

Papa, warum sitzt du im Rollstuhl?
Meine Nervenzellen erneuern sich nicht mehr richtig,
deswegen geben sie den Muskeln zu wenig Befehle durch,
und die Muskeln ihrerseits zu wenig Antworten an das Hirn zurück.
Wirst du nie wieder gehen?
Nein, ich kann mein Gleichgewicht nicht halten.
Nie, nie wieder?
Nie wieder.
Aber Papa, das ist doch ganz einfach, ich zeige es dir,
erst mit einem Fuß einen Schritt, dann mit dem anderen,
das ist doch babyig!

Papa, kannst du die Finger strecken?
Nur so viel, schau!
Papa, warum wirst du gefüttert, vorige Woche konntest du noch essen?!
Ich kann die Gabel nicht gut halten und die Hand nicht heben.
Papa, wie hoch kannst du deinen Arm heben?
Leider nur bis her.
Kuck Mama, Papa kann seine Arme nur so weit heben!

Papa, wenn die Muskeln stehenbleiben, musst du sterben?
Jeder stirbt irgendwann, die Gründe sind unterschiedlich.
Mama, sitzt Papa im Rollstuhl, weil er gestürzt ist?
Nein, er ist gestürzt, weil er krank ist! Und du weißt,
Papas Krankheit ist nicht heilbar wie eine Erkältung.
Mama, wird der Papa an der Krankheit sterben?
Das ist wahrscheinlich, dass er an ihr stirbt.
Aber Mama, dann feiern wir trotzdem
Weihnachten, Ostern und Geburtstag!

Gen-Tauschbörse

Biete: SOR-Gen
FOTO-Gen
ERO-Gen
VISA-Gen
AUTO-Gen
GARA-Gen
LÜ-Gen
SCHWEI-Gen
SAU-Gen
FLIE-Gen
FEI-Gen
NITRO-Gen
ALLER-Gen
AL-Gen
ALS-Gen

Suche: MOR-Gen
MASSA-Gen
LYMPHDRAINA-Gen
AU-Gen
MA-Gen
LUN-Gen
OXY-Gen
GA-Gen
SA-Gen
FRA-Gen
TRA-Gen
BÜR-Gen
ZEU-Gen
PA-Gen
GEI-Gen
HEILi-Gen
SE-Gen

Reflecktion

Warum bin ich Geck verreckt?
Hab ich zu sehr angeeckt,
hab ich mich zu oft befleckt
und war dadurch arg gescheckt,
oder hab ich nichts gecheckt,
hab iHn gar nicht erst entdeckt,
hab iHn nicht genug geleckt,
hab iHn ab und zu geneckt,
zollte ich iHm kein´ Respekt,
hab die Zähne weiß gebleckt,
fand eHr meinen Witz verdreckt,
war ich allzu aufgeweckt,
oder war ich gar perfekt?

Samenbank

Betrieb Samen
Spar Samen
Furcht Samen
Unlieb Samen
Ein Samen
Beug Samen

Schweig Samen
Red Samen
Unterhalt Samen
Erguss Samen
Enthalt Samen
Spender Samen

Gehalt Samen
Einfühl Samen
Rat Samen
Bedeut Samen
Bro Samen
Lang Samen

Streb Samen
Gemein Samen
Erhol Samen
Duld Samen
Füg Samen
Huld Samen

Heil Samen
Gleich Samen
Müh Samen
Selt Samen
Geruh Samen
Bal Samen

Genüg Samen
Grau Samen
Folg Samen
Lab Samen
Behut Samen
Unweg Samen

Geburt

wehe, wehe
einatmen, ausatmen
wehe, wehe
einatmen, ausatmen
wehe, wehe
einatmen, ausatmen
plumps
aufatmen

Leben cumulativ

Zeugung superlativ
Geburt massiv
Schule passiv
Sport ultimativ
Soldat imperativ
Securitate informativ
Kommunismus destruktiv
Held fiktiv
Auswanderung definitiv
Kapitalismus pejorativ
Studium fakultativ
Arbeit ostentativ
Liebe instinktiv
AIDS negativ
ALS positiv
Dahinscheiden palliativ

nichtung

manche meindln
jandln und neindln
kann man nicht
verschandln.
kann seindln!

SekretAriat

ProletArier
VegetArier

RotArier
NotArier

PlanetArier
BibliothekArier

HavArier
MalArier

UrticArier
AktuArier

SabbatArier
SolArier

ReferendArier
ParlamentArier

KalendArier
WagnerArier

KontraArier
KontrArier

BulgArier
NektArier

SekundArier
AgrArier

Vor dem Fall

oder
Die sieben Todsünden

Blicke ich in den Spiegel der Vergangenheit,
werde ich einiger Umrisse gewahr,
Schemen, unheimlich, fremd und weit,
nähern sich, gleichen mir auf´s Haar.

Einst lag ich faul in Gottes Hain,
viel zu träge, einen Gedanken zu fassen,
bewegte weder Arm noch Bein,
deutete jedem, mich in Frieden zu lassen.

Bald war ich des Müßiggangs überdrüssig,
wollte reich sein, unabhängig,
betrachtete jede Spende an andere als überflüssig,
häufte Gold an, sparte jeden Pfennig.

Wohlhabend nun, trat ich an zu genießen,
was ich sauer mit meinem Fleiß erwarb,
ließ Schampus in güldene Becher gießen,
mein Prassen kannte keinen Halt.

Es gebe was Höheres, vertraute mir einer,
als Pferdestärken, Prahlerei und Gelage,
eine gewaltige Fleischeslust bemannte sich meiner,
ich begattete Leiber bei Nacht und bei Tage.

Plötzlich erkannte ich meines Freundes Glück
in jeglichen Belangen des Lebens,
mir blieb nur ein schaler Geschmack zurück,
Neid und Eifersucht unterdrückt´ ich vergebens.

Letztere wuchsen und schwollen so an,
dass mir der Kragen in Rage platzte,
vor Wut lief mein Gesicht rot an,
ich verletzte jeden, den ich nur packte.

Die Tobsucht hat sich längst schon gelegt,
und betrachte ich mich heute im Spiegel,
erkenn´ ich ein´ Mann, schön und gepflegt,
in der Hand hält er lässig den Zügel.

Ich fühl mich wie eine Feder

(Fragment, ca. 1991)

Ich fühl mich wie eine Feder
mit bleiernem Stiel
nach außen leichter Fang für jeden Wind
nach innen dunkelschwer

.
.
.

Und bis zuletzt weiß ich
nicht, was ich will,
fliegen oder stehen,
also, hebe ich ab und zu
auf und ab

Weiße Wüsten

Weiße Wüsten
weise Wüsten
Weiße wüsten
waise Wüsten
Weise wüsten
Waise wüssten
Waise wüsten
Weise wüssten
weise wüsten
Weiße wüssten
waise wüsten

Risse, Schmisse, Bisse

Lieber gebrochen Deutsch als unentwegt kotzen.

Oh, Sie haben eine tolle Haarpracht!
Ja, ich bin ja auch Rumähne.

Sind lautere lauterer?

Schreiben ist Silber, lesen ist Gold.

Die Zeit steht. Wir vergehen.

Klamottenfalle

Rollstuhlgang

Atemnotdurft

Kragarmleuchter

Morgensternwarte

Karpatentante

Schubladenhüter

Zahnsteinreich

Geizkragenweite

Augapfelkuchen

AbtReibung = AbTreibung?

Klommunismus: Ein Klo für alle, alle für ein Klo.

Meine Frau sagt, ich dichte wie ein Ingenieur, mein Chef sagt, ich arbeite wie ein Poet.

Und Tschüss, wir sehen uns bei meinem Begräbnis.

Ich bin krank und die anderen werden verrückt.

Der Mensch denkt, Gott henkt.

Gebrochen Deutsch

Deutschrumäner

Es sein schön hier, meine Heimat!
Ich sein Deutscher, was seinst du?

Na weißt du, ich sein Madjar, Rumäner
und vor allem Deutscher, wie du.

Deutscher als wie ich?

Nein, so wie du.

Nicht ganz Rumäner, nicht ganz Madjar,
ganz nicht Deutscher, du seinst ja gar nichts!

Na weißt du, bei uns in Siebenbürgen
leben mehrere Minderheiten, davon...

Kleinigkeiten?

Nein, weißt du, es seien vor allem Rumäner,
es seien aber auch die, wo Madjar seien und,
weißt du, vor 800 Jahren hat der König Geysir
von denen, wo seien Madjar, von...

Du seinst von Ungarn?

Nein, von Rumänien,
ich sein Rumäniendeutscher.

Aha, wie Țiriac!

Nein, weißt du, er sein Rumäner.

Aber du seinst sprechen gebrochen Deutsch
und mit Akzent, wie er.

Ja, wir es heißen Geroll-R,
aber sonst deutsche Kultur wie du,
Schule, Adidas, Mercedes.

Und Goethe?

Natürlich! „Deutschland, ein Wintermärchen“

Aber hier sein es immer schön,
nicht nur im Winter!
Das sein das Problem von uns,
es sein kommen zu viele aus Länder,
wo nicht deutsch.

Aber ich sein ja...

Ich meinen auch nicht dich
und die Deutschrumäner,
du seinst in Ordnung,
ich meinen die anderen!

Das Lied der rechten Deutschen

Deutschland, Deutschland übe alles,
Übe alles in der Welt,
Dass Du gegen Nazi-Horden
Brüderlich zusammenhältst,
Von dem Ass bis zu der Memme,
Von der Feschen bis zum Held –
|: Deutschland, Deutschland übe alles,
Übe alles in der Welt! :|
Deutschland den Deutschen!
Hailand den Haien!

Deutsche Autos, deutsche Tiere,
Deutscher Stein und deutscher Sand
Sollen in der Welt behalten
Ihren alten schönen Klang,
Uns zu edler Tat begeistern
Unser ganzes Leben lang –
|: Deutsche Autos, deutsche Tiere,
Deutscher Stein und deutscher Sand! :|
Deutschland den Deutschen!
Hailand den Haien!
Vaterland den Vätern!
Highland den Highen!

Roland Koch ABC

AusländerKrimentalität
Brutalstmögliche Aufklärung
ChristDämonkrat
Doppelte Staatstürkenschaft
Erziehungscamps
Fraport AG
GewaltTätiger
Haessen
Intrigen
Jugend straft recht
KriegsDemokrat
Lügen
Macht Alles
Nachtflugbonmot
OrdnungsStarkHalber
PostkartenChampagne
QuerTreiber
Rechts Anwalt
SpendenA-faire
TürkenInteigrührer
UnterSchriftenActionHeld
Versprechen
Warnschussattest
Xanthippie
Ypsilanti
ZivilCourtage

Demokratiefaust

Habe nun, ach! SPD,
Grüne und FDP,
Und leider auch die Union
Durchaus gewählet, mit heißem Bemühn.
Da steh ich nun, ich armer Tor!
Und bin noch ärmer als wie zuvor;
Heißen Magister, heißen Doktor gar
Und ziehen schon an die zehen Jahr
Herauf, herab und quer und krumm
Uns Bürger an der Nase herum-
Und trachten, daß wir nichts wissen können!
Das will mir schier das Herz verbrennen.
Es gibt eine Macht, höher als die der Laffen,
Doktoren, Magister, Schreier und Pfaffen;
Es ist die Macht der Verbände und Reichen!
Die plagen keine Skrupel noch Zweifel,
Fürchten sich weder vor Hölle noch Teufel-
Haben mir auch alle Freud entrissen,
Bilden sich ein, was Rechts zu wissen,
Bilden sich ein, sie könnten was lehren,
Um einzig alleine nach ihren Zielen
Die Menschen zu bessern und zu bekehren.
Auch ich hab weder Gut und Geld,
Noch Ehr und Herrlichkeit der Welt;
Es möcht kein Hund so länger leben!
Dumm hab ich mich den Lobbyisten ergeben,
Ob mir durch Geldes Kraft und Mund
Nicht manch Geheimnis würde kund;
Weshalb ich alles mit saurem Schweiß
Zu machen brauche auf ihr Geheiß;

Daß ich erkenne, daß Gier die Welt
Im Innersten zusammenhält,
Schau alle Wirkungskraft und Samen,
Und tu nicht mehr in Krumen kramen.

Kameraden

Alte Nazis
Neue Nazis
Junge Nazis
Manche Glatzis
Manche Narziss
Manche mit Schmiss
Ratzi Nazis
Batzi Nazis
Nazi Nazis
Aktien Nazis
Reiche Nazis
Arme Nazis
Durchschnitts Nazis
Bier Nazis
Selige Nazis
Opa Nazis
Enkel Nazis
Viertel Nazis
Halbe Nazis
Dreiviertel Nazis
Ganze Nazis
Leise Nazis
Laute Nazis
Lauter Nazis
Lauer Nazis
Laue Nazis
Schlaue Nazis
Maue Nazis
Saure Nazis
Sau Nazis

Saubere Nazis
Schöne Nazis
Hässliche Nazis
Gehässige Nazis
Stille Nazis
Brillen Nazis
Scheitel Nazis
Scheiter Nazis
Scheck Nazis
Schreck Nazis
Heck Nazis
Leck Nazis
Deck Nazis
Reck Nazis
Dreck Nazis
Harsch Nazis
Barsch Nazis
Marsch Nazis
Arsch Nazis
Offene Nazis
Hoffende Nazis
Verschlossene Nazis
Versteckte Nazis
Schläfer Nazis
Bereit Nazis
Bereits Nazis
Instant Nazis
Nochnicht Nazis
Abundzu Nazis
Beinahe Nazis
Vielleicht Nazis
Sichere Nazis
Ewige Nazis

Unsichere Nazis
Wechsel Nazis
Hatz Nazis
Hetz Nazis
Netz Nazis
Prügel Nazis
Mügeln Nazis
Kleinstadt Nazis
Großstadt Nazis
Land Nazis
Dorf Nazis
CSU Nazis
CDU Nazis
Polizei Nazis
Punk Nazis
Rauf Nazis
Ober Nazis
Über Nazis
Unter Nazis
Maul Nazis
Saul Nazis
Beicht Nazis
Weiße Nazis
Schwarze Nazis
Braune Nazis
Graue Nazis
Grausige Nazis
Nord Nazis
Nordost Nazis
Ost Nazis
Südost Nazis
Süd Nazis
Südwest Nazis

West Nazis
Nordwest Nazis
Heß Nazis
Heiß Nazis
Scheiß Nazis
Große Nazis
Kleine Nazis
Dicke Nazis
Dünne Nazis
Schwere Nazis

Hohe Nazis
Niedere Nazis
Biedere Nazis
Moderne Nazis
Mords Nazis
Dolch Nazis
Stoß Nazis
Legende Nazis
Links Nazis
Mittel Nazis

Rechts Nazis
Feine Nazis
Edel Nazis
Adel Nazis
Lade Nazis
Brave Nazis
Alle Nazis
Nazis Allee
Nazis Allez
Nazis Ade

Deutschlandflak

Schweiz

Raub

Gold

Albert Speer

Guten Tag, mein Name ist Albert Speer,
ich bringe euch eine gute, schöne Mär,
ich trage wie alle Deutschen nur geringe Schuld,
doch ich erkläre euch alles, Geduld, Geduld.

Ich träumte nur von breiten Straßen
mit ausreichend Platz für die treuen Massen,
ich träumte nur von hohen Sälen
gewidmet dem deutschen Volk, Hitler und den Generälen.

Ich plante die Hauptstadt Germania,
viel schöner als Paris es je war,
Rom und London sollten vor Neid erblassen
wegen der Pracht der Bauten und der Trassen.

Ich bin ein Engel und ich wusste von nichts,
schaut, habe ich die Augen eines Wüterichs?
Als Minister war ich nur ein kleiner Fisch,
ich hab nichts gesehen, saß nur am Schreibtisch.

Ich habe doch nur ein wenig dafür gesorgt,
dass alles gut läuft, dass alles gut rollt,
ich habe mir bloß ein paar Leiharbeiter geborgt,
dass es ihnen schlecht ging, hab ich nicht gewollt.

Ich bin ein Engel und ich wusste von nichts,
schaut, habe ich die Augen eines Bösewichts?
Als Minister war ich nur ein kleines Licht,
was die Großen taten, das erfuhr ich nicht.

Ich sollte die Wirtschaft im Schwunge halten,
es sollte doch Ordnung im Reiche walten,
wir brauchten Brot, Kugeln, Waffen und Panzer,
es tut mir leid, falls Unarier mit dem Leben bezahlten.

Ich bin ein Engel und ich wusste von nichts,
das sehen doch die Augen des hohen Gerichts!
Als Minister war ich nur ein kleiner Wurm,
befolgte die Vorgaben, was sollte ich tun?

Reutlingen

Ingeneurlt
Euternling
Reitlungen
Lungentier
Reuentling

Treuenling
Tierlungen
Gierlunten
Tigerlneun
Luegentrin

Leugnetrin
Eulenringt
Luntengier
Geierltnun
Genteurlin

Nierenglut
Eigenturnl
Turnengeil
Urnengelit
Gleiturnen

Glutnieren
Leierngutn
Rietlungen
Eiterlungn
Lungeneitr

Urnetilgen
Tilgenreun
Trugleinen
Leinengurt
Engelruint

Ruinengelt
Geltenruin
Urinengelt
Urteilneng
Rentenguli

Iregulennt
Tuerenling
Regelnunit
Unterliegn
Igelturnen

Turngeniel
Inngreuelt
Leutringen
Ringleuten
Negniltuer

Reutingeln
Grilteenun
Untierlgen
Glutenrein
Rutenglein

Unterngeil
Regentinul
Nulregneti
Ungernteil
Teilungern

Lungerneit
Leitrungen
Runenteigl
Gnutierlen
Tingelurne

Gruenteiln
Teilgruenn
Leitgruenn
Neitgruenl
Eiltgruenn

Nilgruente
Lintgruene
Leingruent
Gruentlein
Eingruentl

Niegruentl
Neuntigerl
Nuntriegel
Trennugeil
Urenntgeil

Globalschurken
Fünf Anklagen und ein Mitschnitt

George Walker Bush
Du Zwietracht säender
züngelnder, brennender Busch
statt Hilfe und guter Botschaften
bringst Du uns Krieg, Verwüstung
schürst die Angst vor Fremden
betest Gott an
bist arrogant.
Für wen arbeitest Du
außer für Waffen- und Ölmagnaten?
Verflucht seiest Du
und Deine Schergen!

Joseph Ratzinger,
der mit Gott vermählte
nennst Dich nun bescheiden
Benedikt der Sovielte.
Willst, als Vorbereitung
Deiner Heiligsprechung,
erst den Karol küren.
Heilig soll der Karol werden
der zahm in Kauf nahm
dass sich Millionen infizieren
und elendig an AIDS krepieren
von Dir und Deinen
Glaubenskonzentrationskumpanen
beraten und verraten.
Darf ich an die rechtlosen Frauen erinnern
an Ministranten, die als Lückenbüßer dienen
oh Gott, wann wird der Sündenpfuhl versiegen?
Du und der?
Reiniger?
Heilige?
Peiniger!
Zur Hölle!

Globaloberschurke Gott
sieh, was Du uns eingebrockt.
Dein Szepter hast Du längst verloren
Dein Reichsapfel ist längst vergoren
Dein Wort trifft von je auf taube Ohren.
Dein Versuch vor zweitausend Jahren
ist wahrlich schief gegangen.
Dein Messias wurde ausgelacht
genagelt, ans Kreuz gebracht.
Ein bessrer Ort ist die Welt dadurch nicht geworden
im Gegenteil, es gibt noch mehr Grund zu morden.
War das wahrlich so von Dir geplant?
Hast Du wirklich bis zu Ende gedacht?
Könntest Du statt eines neuen Retters
jeden einzelnen so weit verbessern
dass wir in unserem Leben
einzig nach der Liebe streben
und wir Hass und Neid nicht kennen
ging das nicht, überleg doch mal!
Kannst Du noch oder liegst Du voller Gram
krank gekrümmt zwischen den Planeten?

Ich
gestehe
ich war
auch nicht besser.
Zwar
war ich
nie für Krieg.
Jedoch
ich hab
nichts dagegen unternommen.
Nie
schrieb ich
den Konfliktpartnern Briefe.
Ich
war nie
auf einer Demonstration
gegen den
Krieg.
Auf
der Straße
schrie ich nie
Ihr seid
verrückt.
Ich
hab nie
einem Menschen in
der Not
geholfen.
Nie
spendete ich
Geld für Kriegsopfer.
Ich
hab es
immer nur gedacht.

Bosnien, Kosovo, Kroatien
Ich freute mich auf die Ferien
Sierra Leone Bürgerkrieg
Ich fand mich ziemlich witzig
Transnistrien, Georgien, Abchasien
Ich lustwandelte in Asien
Ruanda, Ruanda, Ruanda
Ich wanderte in Frankreich
Bergkarabach, Nepal, Tschetschenien
Ich erklomm Gipfel in Rumänien
Somalia, Äthiopien-Eritrea-Konflikt
Ich trank Kaffee und war verliebt
Gaza Palästina Israel
Ich erholte mich am Meer
Irakkrieg, Afghanistan
Ich sah mir Ausstellungen an
Darfur, Darfur, Darfur
Darfur, Darfur
Darfur

Bald folgt der nächste Urlaub pur!

Du
bist Bauingenieur, wie ich
Du machst Dir Gedanken
über die Welt, wie ich
Du findest sie nicht
in Ordnung, wie ich
Du siehst, wie ich
Menschen, hohl
auf´s Äußere bedacht
Du verabscheust, wie ich
die amerikanische Machtpolitik
Beiläufig
ich verabscheue die
russische, chinesische
französische, englische
Machtpolitik zusätzlich
Du möchtest die Welt
gerne verbessern, wie ich
Ich bin auf der Suche
nach dem geeigneten Weg
Du bin Laden
irrst auf abgründigen Pfaden
mit Deinen Bomben
und Granaten

Gotttombola

Willkommen meine Herren zur alljährlichen Gottlotterei,
dem geheimsten aller Treffen in meiner Kanzlei,
ich halte auch heuer ein paar Überraschungen bereit,
doch keine Eile, die Schmankerl werden gerecht verteilt.

Gestatten Sie einen Rückblick auf Zweitausendacht,
Sie haben, wie gewohnt, Höchstleistungen vollbracht,
es gab herrliche Kriege und schöne Katastrophen,
die Umwelt leidet, die Gletscher gehen flöten.

Wir bedanken uns herzlich bei Präsident Bush,
der nächstes Jahr leider seinen Stuhl räumen muss,
ich hoffe, es folgt nicht der Schlappschwanz Obama,
der keinen Mumm hat zu kämpfen mit Osama.

Mit tiefstem Bedauern erfuhr ich vom Verrat,
geplant und gesteuert von Meuchlern aus Den Haag,
arretierten, entführten sie unseren Bruder Karadzic,
treu hält noch die Stange sein Kumpel Mladic.

Kehren wir zurück zur Hauptattraktion des Tages,
der Verlosung der Massaker des nächsten Jahres,
ein Tusch und ein Toast auf Zweitausendundneun,
es wird fruchtbar, ertragreich, wir dürfen uns freuen.

Genosse Putin, Du Teufelsschakal,
wie Du Dich an der Macht hältst, das ist genial,
Georgien wartet auf Deinen brutalen Einmarsch,
Japan und Estland sind sehr frech und barsch!

In Tschetschenien machst Du kurzen Prozess,
Deine Geduld mit Rebellen erzeugt bloß Stress,
der Ukraine und der EU drehst Du den Hahn ab,
ein paar Tausend erfrieren und Du hast sie im Sack.

Ihr, chinesische Kaiser der kommunistischen Partei,
es gibt natürlich nur ein China und nicht zwei,
Taiwan wird mit sofortiger Wirkung einverleibt,
dazu, als Rache für Dschingis Khan, die Mongolei.

Erhebet Euch Ihr Herren zum letzten Gebet,
wir sprechen es für die Menschen im Tibet,
wir geben ihnen die letzte Ölung,
dann schreitet China zur Musterlösung.

Umar Hasan Ahmad al-Baschir aus dem Sudan,
Du hast in den vergangenen Jahren gute Arbeit getan,
ich muss es deswegen nicht extra betonen,
Du wirst Deine Bevölkerung weiterhin nicht schonen.

Entsinne Dich Erdogan, was Ihr den Armeniern angetan,
als eine Million auf der Flucht aus der Türkei umkam,
und was die leidige Kurdenfrage angeht, ich bitte Dich,
nimm deutsche Panzer und sei nicht so zimperlich.

Lieber Bush, ach könntest Du, bevor Du gehst,
dem Iran zeigen, was Du von Atombomben verstehst,
Ihr habt profunde Kenntnisse und hohe Freude daran,
nach Hiroshima und Nagasaki glühen Isfahan und Teheran.

Nicolas Paul Stéphane Sárközy de Nagybócsa, kurz Sarkozy,
ich, Gott im Himmel, liebe Euer Frankreich auf Erden, und wie!
Ihr, die raffiniertesten aller Füchse, formt die schönsten Worte,
verkündet hold und hehr: Liberté und Égalité und Fraternité.

Fein und sauber spinnt Ihr mit Diplomaten, Soldaten und Renegaten
Intrigen in den ehemals französischen Kolonialstaaten.
Zettelt Aufstände an, bewaffnet Putschisten, gebt ihnen Geleit,
säet auch nächstes Jahr minutiös den Streit!

Süß und niedlich finde ich die Kindersoldaten,
diese Idee stellt vieles in den Schatten.
Was ich damit sagen will, ist, denkt daran schon früh,
an der Ausbildung der neuen Elite scheut keine Müh.

Wir müssen langfristig denken und nachhaltig handeln,
wir dürfen die Welt nicht den Schwachen überlassen,
wo Ihr nicht weiter vorankommt, helfe ich nach,
so halten wir die mißgeborenen Gutmenschen in Schach.

Eure Aufgabe bleibt, die Waffenproduktion anzuheizen,
mit Munition, Minen, Bomben und Raketen dürft Ihr nicht geizen,
ich selber setze verstreut meine angekündigten Akzente,
Blut, Feuer, Beben und Hagel beschleunigen das Ende.

Ich finde mein Projekt „LEBEN" ennuyant,
es ist mißraten, Ihr seid degoutant.
Im Jahre Zweitausendundzehn
werde ich für immer gehen.

Was jetzt keinen Sinn hat, wird auch keinen haben!
An einem einzigen konnte ich mich laben,
dichter, reiner, zarter war keiner,
als Rilke, Maria Rainer.